Dāech et al-Ghabrā'

Pièce de théâtre

Dr. Sultan bin Mohammad Al-Qasimi

Dāech et al-Ghabrā'

Pièce de théâtre

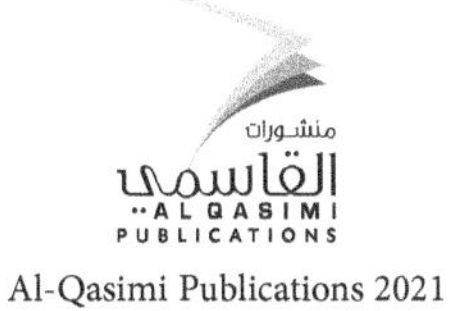

Al-Qasimi Publications 2021

Titre du livre : Dāech et al-Ghabrā'
«Daeish walghabra'» 2017
Nom de l'auteur : Dr Sultan bin Muhammad Al-Qasimi
Nom de l'éditeur : Al-Qasimi Publications, Sharjah, Émirats Arabes Unis
Année de publication : 2021
Tous droits réservés
Publications Al-Qasimi

Traduit de l'arabe en français par : Dr. Fatima Zohra Sghiyar
Révisé par : Jaouad Diori

Distribution : Al-Qasimi Publications, Sharjah,
P.O. Box 64009
B.P. 64009 Sharjah, Émirats Arabes Unis
Téléphone : +971 6 50 90000 Fax : +971 6 55 200 70
Website: www.alqasimipublications.com
Email: info@aqp.ae
Sharjah, Émirats Arabes Unis

ISBN 978-9948-37-919-5
Autorisation d'impression : Conseil national des médias Abou Dhabi
No. MC 03-01-0782652, Date : 10-06-2019

Groupe d'âge: E

Sommaire

Conventions typographiques

<table>
<tr><th colspan="6">Alphabet Arabe</th></tr>
<tr><th>Caractère</th><th>Nom</th><th>Caractère romain équivalent</th><th>Caractère</th><th>Nom</th><th>Caractère romain équivalent</th></tr>
<tr><td>ا</td><td>alif</td><td>Â,a,I,u</td><td>ط</td><td>tâ</td><td>t</td></tr>
<tr><td>ب</td><td>bâ</td><td>b</td><td>ظ</td><td>zâ</td><td>z</td></tr>
<tr><td>ت</td><td>tâ</td><td>t</td><td>ع</td><td>`ayn</td><td>`</td></tr>
<tr><td>ث</td><td>thâ</td><td>th</td><td>غ</td><td>ghayn</td><td>gh</td></tr>
<tr><td>ج</td><td>djîm</td><td>dj</td><td>ف</td><td>fâ</td><td>f</td></tr>
<tr><td>ح</td><td>hâ</td><td>h</td><td>ق</td><td>qâf</td><td>q</td></tr>
<tr><td>خ</td><td>khâ</td><td>kh</td><td>ك</td><td>kâf</td><td>k</td></tr>
<tr><td>د</td><td>dâl</td><td>d</td><td>ل</td><td>lâm</td><td>i</td></tr>
<tr><td>ذ</td><td>dhâl</td><td>dh</td><td>م</td><td>mîm</td><td>m</td></tr>
<tr><td>ر</td><td>râ</td><td>r</td><td>ن</td><td>nün</td><td>N</td></tr>
<tr><td>ز</td><td>zây</td><td>z</td><td>ه</td><td>hâ</td><td>h</td></tr>
<tr><td>س</td><td>sîn</td><td>s</td><td>و</td><td>wâw</td><td>w(ü)</td></tr>
<tr><td>ش</td><td>chîn</td><td>ch</td><td>ي ى</td><td>yâ</td><td>y(î)</td></tr>
<tr><td>ص</td><td>sâd</td><td>s</td><td>ء</td><td>hamza</td><td>,</td></tr>
<tr><td>ض</td><td>dâd</td><td>d</td><td></td><td></td><td></td></tr>
</table>

Charte:

- L'article « al- » reste « al- » même devant une « lettre solaire » sauf exception.

- Le « tâ-' marbûta» est transcrit « a » sauf à l'état construit, il devient alors « at ».

- Le hamza est transcrit lorsque la prononciation le suggère.

- Les noms propres en capitale à chaque terme du nom, sauf à l'article « al-» en position médiane.

N.B : en arabe, les termes « ibn », « bin » ou « bnū » dont le pluriel est « banū » signalent une filiation patrilinéaire (fils de).

Personnages

- Le Conteur
- Les cavaliers de banū Dhoubiāne
- Ḥamal bnū Badr
- L'ami de Ḥamal bnū Badr
- Ḥoudhaïfa bnū Badr (frère de Ḥamal bnū Badr)
- L'ensemble des alliés de Ḥamal et de Ḥoudhaïfa
- Un allié
- Les cavaliers des banū 'Abss
- Qaïss bnū Zouḥaïr
- L'avant-garde des banū 'Abss
- Mālik 'Abss bnū Zouḥaïr (frère de Qaïss)
- Voix en chœur
- Cavalier
- Voix du muezzin
- Voix

Lieu

- La région d'al-Qassīm[1], dans la tribu des Ghatfāne où cohabitent les 'Abss et les Dhoubiāne.
- Le camp des banū Dhoubiāne
- Le camp des banū 'Abss

Temps

- Cinquante ans avant que le Prophète Mohammed (Saw) ait reçu la Révélation.

---

1. Actuellement une province enclavée d'Arabie saoudite, à 400 km au nord ouest de Riyaḍ.

Dāech et al-Ghabrā'

Scène 1

Le Conteur:

Lieu / La région d'al-Qassīm / dans la tribu des Ghatfāne où cohabitent / les 'Abss et les Dhoubiāne.

Temps/ 50 ans avant que le Prophète Mohammed-que la paix et le salut soient avec lui-/ ait reçu la Révélation.

Désert aride / une tente de bédouins/ une seule / s'y est installée/

On entend les galops de chevaux frapper le sol..

Deux hommes sortent de sous la tente/ Le premier se dirige vers sa monture / al-Ghabrā'/ ainsi nommé pour sa couleur poussiéreuse/ C'est le cheval de Ḥamal bnū Badr des banū Dhoubiāne.

De loin/ arrive Qaïss bnū Zouhaïr/ Il cherche Dāhess.

Tel un éclair/ il passe devant Ḥamal bnū Badr et son ami/

Ḥamal demande à son ami:

Ḥamal bnū Badr:
Qui est cet homme ?

L'ami:
C'est Qaïss bnū Zouhaïr / l'un de tes cousins / des banū 'Abss.

Ḥamal bnū Badr:
Et ce cheval qui galope tel un éclair ?

L'ami
C'est Dāḥess / cheval sans pareil.

(Qaïss réapparait sur son cheval galopant en se pavanant / Arrivé devant les deux hommes/ Il descend de sa monture et se dirige vers eux)

Qaïss bnū Zouḥaïr:
Qui ? Ḥamal bnū Badr al-Dhoubiānī ?

Ḥamal bnū Badr:
Bonjour cousin !

Qaïss bnū Zouḥaïr:
Et ce beau cheval ?

Ḥamal bnū Badr:
C'est al-Ghabra'/ pas une course ratée !

Qaïss bnū Zouḥaïr:

Mais / pas plus rapide que Dāhess !

Ḥamal bnū Badr:

Tu veux qu'on parie?

Qaïss bnū Zouḥaïr:

Quel sera donc le pari?

Ḥamal bnū Badr:

Cent chameaux en faveur du cheval qui arrive en premier.

Qaïss bnū Zouḥaïr:

Pari accordé !

Ḥamal bnū Badr:

D'accord ?

Qaïss bnū Zouḥaïr:

D'accord.

(Les deux hommes se serrent la main)

Ḥamal bnū Badr:

Quand sera la course ?

Qaïss bnū Zouḥaïr:

Demain/ matin

(Les deux cavaliers montent leurs chevaux/ se pavanent afin de monter l'agilité de leurs montures/ Chacun se dirige ensuite vers sa demeure)

Le Conteur:

Quaïs se dirige vers le camp des 'Abss/

Ḥamal vers le camp des Dhoubiāne/

Chacun doit annoncer à ses gens / l'accord conclu

Scène 2

Lieu: la ligne d'arrivée qui marque la fin de la course.

Le Conteur:

Il y a des jours que la course a commencé/ la distance est bien grande/ les chevaux doivent traverser / dunes désertiques et forêts.

Voilà l'avant-garde des banū Dhoubiāne qui arrive de l'Ouest/ présidée par Ḥamal bnū Badr et son frère Houdhaïfa bnū Badr/ suivis de leurs alliés.

Un allié:

Hé ! Ḥamal ! Quand les deux chevaux arriveraient-ils selon vous ?

Ḥamal:

Dans si peu de temps *(Il se dirige vers ses alliés)*
Je voudrais que vous vous cachiez entre les dunes.
Si vous remarquez que Dāḥess devance al-Ghabrā',
faites troubler sa course pour que mon cheval arrive
en premier rang. Allez, hâtez-vous !

*(Les alliés partent / Quelques membres des banū
Dhoubiānes restent avec Ḥamal et son frère Houdhaïfa)*

Le Conteur:

Voilà l'avant-garde des banū 'Abss qui arrive de
l'Est. Qaïss bnū Zouhaïr al-'Abssī et son frère Mālik
se trouvent en avant du clan.

Des Voix: (en crescendo)
Al-Ghabrā' arrive/ Al-Ghabrā' arrive !

Le Conteur:
Et al-Ghabra' arrive en premier…

*(Et les banū Dhoubiāne se dirigent vers Ḥamal
bnū Badr pour le féliciter. Quelques instants après,
Dāḥess arrive et se dirige vers la foule des banū
'Abss)*

Le Cavalier: *(qui montait Dāḥess criant)*
C'est moi qui étais en avant/ Mais quelques uns

des banū Dhoubiāne se cachaient entre les dunes/ Ils ont dévié le cheval de sa direction afin qu'al-Ghabrā' puisse arriver le premier/ C'est de la pure trahison, la perfidie, la tromperie !

Le Conteur:

Alors Ḥoudhaïfa commence à blâmer/

Ḥoudhaïfa bnū Badr:

Hé, Qaïss ! Les perfides et les trompeurs/ c'est vous !

Le Conteur:

Houdhaïfa bnū Badr avance vers Qaïss en répétant les mêmes expressions..

Ḥoudhaïfa bnū Badr:

Les perfides et les trompeurs/ c'est vous !

Qaïss bnū Zouhaïr:

Ḥoudhaïfa bnū Badr/ Reculez !

Le Conteur:

Mais Ḥoudhaïfa défie Qaïss…/ *(Ils se bagarrent)*/ Alors Qaïss attaque Ḥoudhaïfa et le tue.

Les banū Dhoubiāne: *(criant en crescendo)*

Ḥoudhaïfa bnū Badr/ frère de Ḥamal bnū Badr est tué/ Ḥoudhaïfa bnū Badr est tué.

Le Conteur:

La tribu des Dhoubiāne attaque celle des banū 'Abss/

Un combat acharné éclata entre les deux clans/ au cours duquel Mālik/ le frère de Qaïss a été tué.

Les banū 'Abss: *(criant en crescendo)*

Mālik bnū Zouhaïr / le frère de Qaïss est mort/ Mālik est mort.

Le Conteur:

Les 'Abss prirent le cadavre de Mālik bnū Zouhaïr / Ils se dirigèrent vers le camp des banū 'Abss/ Les Dhoubiāne portèrent le cadavre de Ḥoudhaïfa bnū Badr et se dirigèrent vers le camp des banū Dhoubiāne.

(Voix sous forme de grognements funéraires)

Scène 3

Le Conteur:

Les guerres entre les 'Abss et les Dhoubiāne ont duré 40 ans. Voilà une de ces batailles.

Un bataillon des banū 'Abss avance du côté est.

Un bataillon des banū Dhoubiāne avance du côté ouest.

Les habits des deux clans étaient multicolores mais les doublures des vêtements étaient blanches. Et de même pour les ceintures.

Et la bataille commence

On entend le bruit des chocs des épées et les hennissements des chevaux/

Soudain/ la voix du muezzin / retentit.

La Prière en voix off:

Allah est le plus grand/ Allah est le plus grand

Je témoigne qu'il n'y a pas d'autre dieu qu'Allah/

Je témoigne qu'il n'y a pas d'autre dieu qu'Allah/

Je témoigne que Mohammed est le messager de Dieu

Je témoigne que Mohammed est le messager de Dieu

Venez à la prière/ Venez à la prière

Venez à la félicité/ Venez à la félicité

Allah est le plus grand/ Allah est le plus grand

Il n'y a pas d'autre dieu qu'Allah

Le moment de la prière, on voit les guerriers qui lèvent leurs épées vers le ciel, les plantent dans le sable et se mettent à genoux. Ils renversent ensuite leurs habits du côté de la doublure blanche de telle façon qu'ils apparaissent tous en tenues blanches. Ils font de même avec les ceintures. Ils lèvent leurs bras en l'air, vers le levant.

Voix en chœur:

Allah est le plus grand/ Nombreuses louanges pour Allah/

Louange à Allah matin et soir…

La Voix: *(interrompant la prière)*

Ô hommes! Le prophète (que la paix et le salut soient sur lui) dit :

« Il n'est pas des nôtres celui qui appelle au fanatisme/

Il n'est pas des nôtres celui qui guerroie pour le fanatisme/

Il n'est pas des nôtres celui qui meurt pour le fanatisme »

Ô hommes! Le prophète (que la paix et le salut soient sur lui) dit:

« Dieu vous a épargné la fierté de la période de la jahiliya et sa vantardise dans les ancêtres/ L'être humain se divise en deux catégories / croyant, pieux et aimé par Dieu / ou pécheur, misérable banni par la Providence/ Tout homme est fils d'Adam /et Adam est venu de la poussière »

Ô hommes ! **Le Prophète dit :**

« Vos sangs et vos fortunes vous sont interdits/ comme il vous est interdit ce jour-ci de ce mois-ci/ Vous serez à la rencontre de Dieu /et il vous demandera ce que vous aviez fait/ Me voilà../ J'ai communiqué/ Ne vous l'ai-je pas communiqué ? /Si, répondirent-ils/ »

Et le Prophète dit : « Dieu, vous en êtes témoin/ Que ceux qui sont présents transmettent à ceux qui sont absents/ Celui qui transmet correctement l'information est encore mieux que celui qui l'écoute/ Ne vous convertissez pas en mécréants après ma mort/

et vous vous couperez les têtes les uns aux autres/ Ne vous convertissez pas en mécréants après ma mort/ et vous vous couperez les têtes les uns aux autres»

Les hommes se mettent l'un à côté de l'autre/ en rang correctement alignés/ comme un bâtiment/ Ils avancent les épées à la main en répétant:

Les hommes en chœur:

Allah est le plus grand/ Allah est le plus grand

Il n'y a de dieu si ce n'est Allah

Allah est le plus grand/ Allah est le plus grand

Toute la louange est à lui

Allah est grand par sa grandeur/ Toute la louange est à lui

Louange à Dieu matin et soir

Allah est unique et il est le seul dieu/ Il a tenu sa promesse et rendu victorieux ses serviteurs

Il a rendu puissante son armée

Et a vaincu, tout seul, ses ennemis

Allah est unique et c'est lui que nous vénérons

Fidèles à notre religion/ malgré la réticence des mécréants.

Allah est le plus grand/ Allah est le plus grand

FIN